AF483040

CATALOGUE

DES

DESSINS

AQUARELLES, ESTAMPES,

BRONZES, PORCELAINES ET OBJETS PRINCIPAUX,

Provenant de la Succession de Mme M...,

ET DU CABINET D'UN ARTISTE,

DONT LA VENTE AURA LIEU

HOTEL DES VENTES,

PLACE DE LA BOURSE, N. 2,

Salle n. 1,

LE LUNDI 22 MARS 1852,

A MIDI.

Me **DELBERGUE-CORMONT**, Commissaire-Priseur,
à Paris, rue de Provence, 10.

Assisté de M. **BLAIZOT**, Marchand d'Estampes,
rue de Grammont, 6,

Chez lesquels se distribue le Catalogue.

EXPOSITION PUBLIQUE

Le Dimanche 21 Mars, de midi à quatre heures.

PARIS

IMPRIMERIE ET LITHOGRAPHIE MAULDE ET RENOU,
Rue des Fossés-Saint-Germain-l'Auxerrois, 14.

1852

ORDRE ET CONDITIONS DE LA VENTE.

Elle sera faite au comptant;

Les acquéreurs paieront, en sus des adjudications, cinq pour cent applicables aux frais.

A une heure précise, les Meubles, Porcelaines, Bronzes;

A deux heures, Les Estampes et Dessins.

DÉSIGNATION

DES TABLEAUX.

—••◦◦❂◦◦••—

ANONYME.

1 — Scènes indiennes.

    Aquarelles faites dans le pays, intéressantes pour les costumes, 12 feuilles.

    Cet article sera divisé.

ALLIGNY.

2 — Vue prise aux rochers Boulin, dans la forêt de Fontainebleau.

3 — Une autre vue prise au même endroit.

4 — Vue d'une allée dans la forêt de Fontainebleau, près de Marlotte.

    Ces trois dessins sont faits sur nature au crayon blanc et noir.

5 — Vue de l'église de Royat, près de Clermont (Auvergne).

6 — Vue de Tivoli, près de Rome.

    Ces deux dessins sont faits à la plume.

7 — Paysage.

8 — Paysage.

    Ces deux dessins sont au fusin.

    Tous ces dessins sont remarquables par leur vigueur.

BELLANGER.

9 — Paysan voyageur se reposant.

Aquarelle très vigoureuse.

BERGHEM.

10 — Paysage avec animaux.

A l'encre de Chine sur papier bleu.

BOTH (Jean).

11 — Paysage avec figures.

Sanguine.

BOUCHER.

12 — Jeune fille portant une corbeille de fleurs.

Au crayon noir rehaussé de blanc sur papier bleu.

13 — Vénus et Cupidon.

Au crayon noir rehaussé de blanc sur papier bleu.

BRUN (Ch. LE).

14 — Portrait de femme.

Étude au crayon noir et blanc sur papier gris.

CANALETTI.

15 — Vue d'Isola di San Giorgio, à Venise.

A l'encre de Chine.

CARRACHE (Annibal).

16 — Tête d'étude d'un jeune homme ayant un bonnet.

Dessin à la sanguine.

17 — Paysage avec figures,

> A la plume.

PHILIPPE DE CHAMPAGNE.

18 — Madeleine pénitente.

> Aux trois crayons,

CHARDIN.

19 — Blanchisseuse ou servante debout.

> Étude au crayon noir et blanc sur papier bleu,

CHARLET.

20 — Le Mélomane.

> Aquarelle très vigoureuse de ton ; un des plus beaux morceaux du maître.

21 — Le garde-chasse chez le meunier.

> Sépia du plus grand effet.
> Ce dessin capital a été acheté 555 fr. à la vente Constantin.

22 — Les petits maraudeurs en repos.

> Aquarelle très fine et gracieuse.

23 — Scène de brigands.

> Très belle sépia rehaussée de blanc sur papier de couleur,

CLÉRISSEAU.

24 — Ruines.

> Aquarelle,

CRUISHANK.

25 — Scène de famille.

> Aquarelle.

DAVID (J.-L.).

26 — Costume proposé en 1794 pour la Cour su-
prême.

> Aquarelle.

DAVIS (A.-W.).

27 — Deux jeunes Indiens assis ; près d'eux un voyageur.

> Aquarelle.

DECAMPS.

28 — La petite fille craignant qu'un chien de chasse
ne lui mange son pain.

> Aquarelle très remarquable pour le fini et la
> vérité.

29 — Vue de l'entrée d'un bois devant lequel est une
rivière, sur ses bords se reposent deux
hommes.

> Sépia.

DESENNE.

30 — Deux jeunes voyageurs effrayés des menaces
d'un homme armé d'une arbalète. La scène
se passe au clair de lune.

> Sépia ravissante de finesse et d'harmonie.

DESTALL (R.).

31 — Deux hommes en conversation. Scène tirée de
l'*Aventurier* de Walter Scott.

Aquarelle.

DORIGNY.

32 — Cupidon et Psyché, d'après Raphaël.

Bistre rehaussé de blanc.

33 — Vénus dans un char traîné par des colombes,
d'après Raphaël.

Bistre rehaussé de blanc.

DUBUFFE.

34 — Etude d'une jeune femme.

Aux trois crayons.

DUSSART.

35 — Paysan coiffé d'un bonnet.

Aquarelle sur vélin.

ECOLE ANGLAISE.

36 — Deux vaisseaux avec pavillon anglais voguant
à pleines voiles.

Aquarelle.

DYCK (Van).

37 — Portrait d'un peintre.

Sanguine.

ENFANTIN.

38 — Vue du port de Charenton.

Aquarelle très fine de ton.

FRAGONARD.

39 — Ruines du Temple des Sibylles.

A la sanguine.

FRANCIA.

40 — Marine.

Belle aquarelle du plus grand effet.

GHEZZI.

41 — Un homme respirant une rose.

A la plume.

GUASPRE POUSSIN.

42 — Paysage avec figures.

A la plume sur papier bleu.

HEMSKERCK.

43 — Groupe de figures, marchands forains.

Au bistre.

HOUBRAKEN.

44 — Scène d'hiver en Hollande, avec nombreux
personnages.

Gouache.

9

HUET fils.

45 — Jupiter et Léda.

Au crayon noir lavé d'encre de Chine.

VAN HUYSUM.

46 — Groupe de fleurs dans un vase.

Au crayon noir.

HUYTEMBERG.

47 — Bataille.

A l'encre de Chine.

E. ISABEY.

48 — Paysage avec deux moulins situés sur un rocher.

Aquarelle.

JADIN (GODEFROY).

49 — Paysage. A droite, un groupe d'arbres sous lesquels sont assises plusieurs personnes.

Aquarelle très brillante.

50 — Vue d'un champ où l'on aperçoit un paysan qui laboure; au loin deux moulins.

Aquarelle.

51 — Paysage traversé par une route.

Aquarelle.

JUHEL.

52 — Un tambour major villageois conduisant sa troupe.

    Aquarelle vigoureuse.

53 — Un mendiant.

    Jolie aquarelle.

LAGRENÉE.

54 — Jeune fille sollicitée par un jeune homme.

    Aux trois crayons.

55 — Étude de jeune fille.

    A la sanguine.

LAPAGE.

56 — Vénus et Cupidon dans un paysage.

    A la plume lavé au bistre.

LAMI DE NOZAN.

57 — Un carabinier et un lancier à la porte d'un maréchal ferrant.

    Aquarelle chaude de ton.

LANCRET.

58 — Homme debout.

    Étude au crayon noir rehaussé de blanc.

59 — Un autre homme debout dans une attitude différente.

    Étude au crayon noir rehaussé de blanc.

LOCATELLI.

60 — Paysage avec figures.

Sepia.

MARTIN.

61 — Vue d'un style pittoresque : sur le devant un moulin.

Sépia transparente et très fine.

MONTFORT.

62 — Scène arabe.

Très jolie aquarelle.

MOREAU.

63 — Ruines romaines avec figures.

Aquarelle.

MOUCHERON.

64 — Paysage avec figures.

Encre de Chine mêlée de bistre.

NATTIER.

65 — Femme nue se reposant.

Aux trois crayons.

66 — Une autre femme tenant une rose à la main.

Aux trois crayons.

NEWTON FIELDING.

67 — Vue des bords d'une forêt.

Aquarelle d'un ton très chaud.

68 — Une rue de village.

Aquarelle très vigoureuse.

NICHOLSON.

69 — Site montagneux et sauvage; dans le bas une rivière.

Aquarelle.

NICOLLE.

70 — Vue de l'arc de Septime Sévère à Rome.

Aquarelle très brillante.

71 — Vue de Saint-Pierre de Rome.

Aquarelle très fine.

PATER.

72 — Groupe de trois figures.

Étude à la sanguine.

73 — Femme assise.

A la sanguine.

PERROT.

74 — Jeune paysanne debout.

Au crayon noir.

PAROGEL.

75 — Une bataille.

Au crayon et coloriée.

PETRIO (Giovani).

76 — Vue prise sur les bords de la mer.

Jolie Sépia.

PIERRE DE CORTONE.

77 — Vierge dans sa gloire bénissant des jeunes
filles.

A l'encre de Chine.

RENOUT.

78 — Environs d'un bagne. Sur le devant on voit plusieurs forçats.

Jolie aquarelle.

HUBERT ROBERT.

79 — Ruines romaines avec figures.

Aux crayons rouge et noir.

RUYSDAEL (J.).

80 — Paysage aux environs d'une ville.

A l'encre de Chine.

SINGLETON (H.).

81 — Astronomes en contemplation. Sujet tiré du
poëme d'Hudibras.

Aquarelle.

TIEPOLO (Dominique).

82 — La Trinité entourée des anges.

A la plume et en couleurs.

83 — Jésus-Christ à genoux implorant Dieu le père au moment de sa mort.

Beau dessin à la plume teinté d'encre de Chine.

VENTURA SALEMBINI.

84 — Les premiers pas de l'enfance.

Sépia rehaussée de blanc sur papier teinté. Composition pleine de sentiment.

WATTEAU.

85 — Femme assise sur une chaise.

Etude à la sanguine.

86 — Jeune fille se reposant.

Aux trois crayons.

87 — Homme debout.

A la sanguine.

88 — Homme assis.

A la sanguine.

89 — Etude de quatre figures sur la même feuille.

Sanguine.

90 — Etude de quatre figures de femmes sur la même feuille.

Sanguine.

VELASQUEZ.

91 — Un homme à cheval.

A la plume lavé de bistre.

92 — Dessins de Delarue. Polidore, 3 pièces. Dessins divers, 6 pièces.

Estampes anciennes.

93 — 150 pièces, par et d'après Collot.

94 — 100 pièces, portraits par Edelinck, Nanteuil, Chereau, Morin, Wille et autres. Le Jugement dernier par Cousin. Sujets divers.

Ces deux lots seront divisés.

Estampes modernes.

CALAMATTA.

95 — Portrait de M. Guizot.
Il y a quelques taches sur le papier.

DESCLAUX.

96 — Les Moissonneurs. Les Pêcheurs , d'après Léopold Robert.
Belles épreuves avant la lettre.

JESI.

97 — La Vierge, d'après Paul Delaroche.
Belle épreuve avant la lettre.

LOUIS (Aristide).

98 — Les deux Mignons, d'après Scheffer.
Belles épreuves de souscription.

MANDEL.

99 — Portrait de Van Dick.
Magnifique épreuve avant la lettre signée de Mandel.

100 — La Vedova, d'après Léopold Robert.
Belle épreuve.

MERCURY.

101 — Portrait de Christophe Colomb.
Belle épreuve avant la lettre.

REVEL.

102 — Marine d'après Lepoittevin.
Belle épreuve avant la lettre.

SIXDENIERS.

103 — Le Réfractaire. Les Braconniers bretons.
2 pièces.

104 — Plusieurs estampes : cet article sera divisé.

Objets d'Art et de Curiosité.

105 — La mort d'Achille. Terre cuite.

106 — Porcelaine de Sèvres pâte tendre, 5 pièces.

107 — Belle pendule en marbre vert de mer avec
sujet en bronze florentin.

108 — Candelabres. Cassolette en bronze.

109 — Pipes de Kummer.

110 — Sous ce numéro seront vendus les articles non
catalogués.

Paris — Imprimerie et Lithographie Maulde et Renou, rue des Fossés
Saint-Germain-l'Auxerrois, 14.